RÉFLEXIONS

SUR

LA CRISE FINANCIÈRE.

LA SEULE VOIE DE SALUT.

PARIS

IMPRIMERIE CENTRALE DE NAPOLÉON CHAIX ET Cⁱᵉ,

Rue Bergère, 8, près le boulevart Montmartre.

1848

RÉFLEXIONS

SUR

LA CRISE FINANCIÈRE.

LA SEULE VOIE DE SALUT.

Il n'est personne aujourd'hui qui puisse se faire illusion sur l'étendue, la gravité, les périls de la crise financière et sur la nécessité d'y porter un prompt remède.

Le Trésor public succombe sous le poids de sa dette; les consolidations et les conversions de titre en dissimulent mal le fardeau, auquel viennent s'ajouter chaque jour des charges nouvelles.

Chaque jour nous révèle en même temps de nouveaux besoins à satisfaire, et des besoins qui ne peuvent être négligés sans péril pour la société.

Les communes, les départements sont en butte aux mêmes exigences; et dans les caisses départementales et communales, comme dans celles de l'Etat, les ressources sont épuisées.

D'un autre côté, l'agriculture, l'industrie, le commerce, l'entreprise, tout ce qui fait la vie d'un peuple s'arrête et languit dans la misère.

Le numéraire ne circule plus.

Le crédit public et le crédit privé ont été frappés du même coup.

Les valeurs représentatives sont amorties ou repoussées.

On ne paye plus, on ne peut plus payer faute d'argent.

Les propriétaires ne touchent pas leurs revenus, et cependant il faut qu'ils subviennent aux charges de l'Etat.

Les ateliers, fermés depuis plusieurs mois, ne se rouvrent pas; la stagnation semble gagner, au contraire, la fabrication des objets les plus nécessaires à la vie.

Les exploitations agricoles elles-mêmes sont en partie menacées.

Et le mal n'est pas encore arrivé à son dernier période ; car jusqu'ici une tolérance générale, une patience qui s'épuise, ont, en partie, adouci les conséquences de cette pénurie universelle.

Qu'on l'envisage bien et sans parti pris de se faire illusion : la situation n'est pas tenable. Une société, une nation, ne sauraient vivre longtemps dans un tel milieu. De tous côtés l'édifice menace ruine; si on ne veut pas le voir s'écrouler, il est temps qu'on avise.

Rien qu'en se prolongeant, et indépendamment des causes qui peuvent venir et qui viennent l'activer, le mal s'étend, la crise s'aggrave.

Au milieu des masses inoccupées et misérables, les habitudes de travail se perdent, les traditions morales s'oublient.

Au milieu du discrédit général qui nous environne, toute richesse s'avilit.

Si l'on ne rend bientôt aux populations le travail productif et l'amour de l'ordre avec le bien-être, le renouvellement, la prolongation de la guerre sociale, sont inévitables.

Si l'on ne rend à nos propriétés, aux richesses de notre sol et de notre industrie leur valeur d'il y a quelques années, nous tomberons rapidement au niveau des peuples dont la pauvreté est devenue proverbiale.

Si, avant que toute patience se soit lassée et toute tolérance devenue impossible, on ne trouve moyen de rendre un peu d'activité, de régularité, aux affaires et aux transactions commerciales, nous verrons, — et le moment ne saurait être éloigné, — comme une conflagration générale dans tout le pays, un déchaînement de poursuites poussant les uns contre les autres créanciers et débiteurs, propriétaires et locataires, nouvelle guerre civile non moins redoutable dans ses conséquences que celle qui a plongé dans le deuil un si grand nombre de familles.

Il faut donc agir ; il n'y pas un instant à perdre.

A cet égard tout le monde est d'accord, nul ne conteste la nécessité d'un prompt remède.

Mais que fait-on ? Quelles mesures voyons-nous adopter ou proposer ?

Pour subvenir aux besoins journaliers du Trésor, on recourt à des emprunts ruineux, on maintient jusqu'aux impôts les plus impopulaires, on en crée de nouveaux dont l'effet le plus sûr est d'inquiéter la propriété et d'accroître la misère publique.

Aux communes, aux départements on dit aussi : Empruntez, imposez-vous ; c'est-à-dire achevez la ruine du présent et obérez l'avenir.

L'industrie, le commerce, l'agriculture, l'entreprise, ne sont guère mieux traités.

Croit-on, par exemple, qu'il suffise d'une prime de 4 °/₀ promise au capital employé en exportations pour rendre la vie à nos manufactures ?

Espère-t-on que trois millions consacrés à subventionner les associations d'ouvriers, et leur admission à soumissionner les entreprises de travaux publics, suffiront pour donner de l'occupation aux bras qui en manquent ?

On avance cinq millions au sous-comptoir national pour venir au secours des entrepreneurs de constructions ; mais ces cinq millions ne suffiraient pas à acquitter leurs billets non payés.

On leur offre une exemption d'impôt de dix à quinze ans pour les maisons qui se bâtiront d'ici au 1ᵉʳ juillet 1850 ; mais au lieu d'avantages éloignés, ce sont des ressources immédiates, c'est du comptant qu'il leur faut.

Ces mesures, eussent-elles d'ailleurs l'efficacité qu'on leur suppose, il faudrait en multiplier et en continuer longtemps l'application avant d'en recueillir les fruits. Où l'Etat trouverait-il des ressources pour le faire ?

Voter sans cesse de nouvelles dépenses quand les recettes diminuent, ce n'est pas le moyen de rétablir les finances et de relever le crédit de l'Etat. Avec un pareil système on aurait épuisé le peu d'actif qui nous reste avant d'avoir rouvert une seule des sources du crédit ou de la richesse publique.

Toutes ces mesures prouvent assurément d'excellentes intentions ; mais s'il fallait y voir le dernier mot de ceux qui nous gouvernent, elles ne prouveraient pas moins leur ignorance des faits et leur impuissance.

Nous entendons dire encore que pour rendre la vie au crédit, aux transactions et à la consommation leur activité, au travail ses aliments nécessaires, il suffit de rétablir l'ordre dans les rues, de proclamer et de pratiquer la fidélité à tous les engagements, de placer sous la protection de la puissance publique tous les intérêts et tous les droits légitimes.

Sans contredit, c'est là une des conditions indispensables au salut de la patrie et de la société. C'est le régime à prescrire et à maintenir autour du malade pour garantir sa convalescence, pour achever sa guérison. Mais pour le tirer d'abord de la crise où il se débat, de l'état de langueur où ses dernières forces s'épuisent, il faut autre chose ; il faut un remède plus efficace et plus direct.

Comment obtenir que le rétablissement de l'ordre précède la reprise des travaux et la réouverture des ateliers ? C'est par le travail qu'il faut commencer.

Rendez aux populations laborieuses leurs occupations et leurs salaires assurés ; l'ordre, la sécurité, la confiance, le crédit, se rétabliront sans effort, et viendront d'eux-même achever et consolider votre ouvrage. Le problème sera résolu ; la société sera sauvée.

Pour arriver à ce résultat, il faut tout à la fois, et le concours de l'État et celui de l'industrie privée.

Mais l'État est à bout de ressources et d'expédients. Que demander encore à l'impôt? qu'attendre de l'emprunt?

La propriété et l'industrie ne sont même pas en mesure d'acquitter leur part des charges publiques.

Ce qu'il faut à l'État, ce n'est pas le denier arraché jour par jour à la misère des contribuables ; ce n'est pas la ressource précaire d'un emprunt onéreux et dont le service régulier ne saurait être mieux garanti que celui de l'emprunt de 1847.

Quand le pays aura donné son dernier sou, l'État n'aura plus qu'à faire banqueroute. C'est là que nous conduit en droite ligne le système d'atermoiements et d'expédients pratiqué jusqu'à ce jour. Autant vaudrait y arriver par une catastrophe.

Ce qu'il faut à l'État, c'est un capital considérable, réalisé sans efforts comme sans douleurs, et qui, loin d'accroître les charges du pays, soit pour tous une richesse nouvelle.

L'absence ou l'insuffisance du numéraire, voilà sa grande plaie comme la nôtre. Pour lui comme pour nous, le seul remède efficace, c'est la présence d'un capital nouveau, d'un capital sérieux, d'une valeur incontestable, dont la circulation prompte, facile, rende l'activité à toutes les transactions, la vie à tous les ateliers, et au Trésor public ses affluents naturels, sa véritable richesse.

Ce capital, il existe ; il ne s'agit que de le mettre en œuvre.

Il est dans le sol de nos exploitations agricoles ; dans les maisons où se loge la population de nos cités, dans les constructions, qui sont les premiers besoins de l'industrie et du commerce. Est-ce que ces édifices de toute nature et élevés pour tous les usages, est-ce que ces terres en plein rapport ne sont pas de l'argent ? Pour améliorer et féconder celles-ci, pour construire ceux-là, il a fallu dépenser des sommes considérables ; est-ce là une richesse à jamais enfouie ou immobilisée et qui ne puisse être rendue à la circulation ?

La propriété, nul ne le conteste, est le plus réel, le meilleur, le plus certain des capitaux. Grâce aux lois de notre première révolution, ce capital n'est plus resserré dans un petit nombre de mains ; toutes les classes de la population en ont leur part ; il ne sort pas de France ; il ne peut nous être enlevé.

Qu'attendez-vous donc pour y recourir ? Vos ressources sont épuisées ; le crédit ne répond à vos appels que par des offres usuraires ; l'insuffisance du numéraire paralyse toutes vos industries. Eh bien ! battez monnaie, voilà des lingots.

Rendez à la circulation ce capital qui n'a rien de fictif, qui en tout pays est la première richesse et la plus enviée; rendez-en aux particuliers la libre disposition, et ils vous payeront avec joie la dîme de leur avoir.

Tous le demandent ; les propriétaires fonciers offrent leurs propriétés comme gage de l'opération. Il nous semble que c'est pour le gouvernement un impérieux devoir de ne pas fermer l'oreille aux [voix nombreuses qui lui signalent ce moyen de salut, le seul qui nous reste peut-être.

Après cet exposé, nous regardons nous-même comme un devoir d'expliquer d'une manière plus précise et plus pratique nos vues sur la manière dont cette grande mesure de la mobilisation du capital représenté par la propriété, devrait être conduite; non que nous ayons la prétention d'apporter la solution complète du problème, mais parce qu'il nous semble qu'en de telles occasions chacun doit à son pays le tribut de ses études et de son expérience.

Voici donc comment nous comprendrions l'opération.

Un décret de l'Assemblée nationale, corps constituant et souverain, conférerait à la Banque de France le droit exclusif de prêter par hypothèques ou privilége au premier rang, sur tous les immeubles situés en France.

En échange, pour prix de cette concession, la Banque s'engagerait à faire remise à l'État des neuf dixièmes de l'intérêt perçu par elle sur les sommes prêtées.

Toutefois, la Banque ne pourrait prêter que jusqu'à concurrence du tiers de la valeur des propriétés engagées.

Les prêts ne pourraient être moindres de 200 francs.

Ils seraient à terme fixe d'un an au moins et de dix ans au plus.

L'intérêt, établi à 4 pour 100 pour les prêts d'une année seulement, irait en décroissant pour les années suivantes au point de n'être plus que de 2 pour 100 l'an pour les prêts de dix ans. Le tableau suivant indique le taux de l'intérêt pour chaque prêt suivant sa durée.

La prime ou l'intérêt serait fixé :

à 4 pour 100 pour les emprunts d'un an ;
à 7   id.   id.   de deux ans ;
à 9 50   id.   id.   de trois ans ;
à 11 75 id.   id.   de quatre ans ;
à 13 75 id.   id.   de cinq ans ;
à 15 50 id.   id.   de six ans ;
à 17   id.   id.   de sept ans ;
à 18 25 id.   id.   de huit ans ;
à 19 25 id.   id.   de neuf ans ;
à 20   id.   id.   de dix ans.

La prime ou l'intérêt pour toute la durée du prêt serait prélevé immédiatement, et l'inscription de garantie serait prise pour le capital et les intérêts réunis.

La Banque continuerait d'avoir à Paris son siége principal et le centre de ses opérations ; elle aurait un comptoir ou succursale dans chaque département.

Un grand-livre de crédit hypothécaire serait ouvert au siége principal de la Banque et dans chaque comptoir départemental.

Les prêts hypothécaires se feraient en billets de la Banque de France.

Ces billets auraient le caractère permanent de monnaie légale.

La Banque ne pourrait en créer qu'à mesure et seulement jusqu'à concurrence des prêts et des hypothèques régulièrement données.

En même temps et dans un délai fixé par le décret, la Banque serait obligée de réduire la circulation de ses billets actuels à la somme représentée par son encaisse en numéraire et en lingots, plus le tiers de la valeur constatée de ses immeubles.

L'émission de ces billets n'aurait lieu qu'à Paris à l'hôtel de la Banque, siége principal de l'institution.

Il serait formé à Paris un jury composé de tous les propriétaires, qui devraient être, à tour de rôle et suivant la désignation du sort, convoqués en nombre suffisant pour que six d'entre eux au moins assistassent à l'opération, chaque fois qu'il y aurait lieu de faire une émission de nouveaux billets. Les demandes d'emprunts leur seraient soumises, ainsi que les certificats des architectes ou des cultivateurs experts constatant la valeur des immeubles affectés à leur garantie. Les propriétaires-jurés s'assureraient que toutes les formalités prescrites ont été préalablement remplies, et veilleraient à ce que l'émission ne dépassât en aucun cas le maximun des prêts régulièrement garantis par des immeubles d'une valeur deux fois supérieure. L'émission serait faite en leur présence et immédiatement inscrite sur un grand-livre destiné à cet usage. Cette inscription indiquerait le nombre des billets fabriqués, le numéro d'ordre de chacun, leur valeur nominale, les noms et domiciles des propriétaires emprunteurs; le département, la commune, la rue, où sont situés les immeubles affectés à la garantie du prêt.

L'emprunteur aurait la faculté de se libérer avant l'échéance soit en totalité, soit par fractions de 1000 francs au moins; mais il ne lui serait fait en ce cas aucune remise d'intérêt.

Au terme fixé pour le remboursement, le contrat pourrait être renouvelé, à la condition pour l'emprunteur de verser immédiatement à la Banque les intérêts de la somme empruntée calculée comme ci-dessus pour toute la durée du nouveau contrat.

Si, au terme fixé, le débiteur ne souscrivait pas un nouveau contrat en satisfaisant aux conditions indiquées par la disposition précédente, le remboursement serait poursuivi par la voie judiciaire; toutefois, on prescrirait une forme de vente expéditive et économique contre les emprunteurs qui ne se seraient pas libérés après un certain délai de mise en demeure.

Lors de chaque remboursement, qui serait fait soit en numéraire, soit en billets, la Banque annullerait et ferait annexer à la quittance notariée une somme égale de ses billets.

Enfin, et par une disposition transitoire, le décret prescrirait les règles à suivre pour qu'un propriétaire déjà hypothéqué en vertu de jugements ou d'obligations, dont le terme n'aurait pas été stipulé en faveur du créancier, pût se libérer par un nouvel emprunt, et subroger la Banque dans ses hypothèques judiciaires ou conventuelles.

Peu de mots suffiront sur chacune de ces dispositions.

Plusieurs projets, adressés à l'Assemblée nationale ou nés dans son sein, proposent l'établissement d'une banque spéciale pour les prêts hypothécaires; nous croyons qu'il vaut mieux se servir de la Banque de France, et voici pourquoi:

On maintient par là l'unité du billet de banque; on évite l'inconvénient d'avoir deux sortes de billets en circulation; on ne crée pas un papier nouveau, un papier de circonstance; les billets de la Banque de France sont universellement connus; leur circulation comme monnaie légale est un fait accompli.

Pourquoi deux banques d'ailleurs dans un pays dont la loi générale est l'unité? Pourquoi ne pas constituer le crédit industriel et le crédit foncier sur les mêmes bases et sur des garanties réciproques?

Enfin la Banque de France est un établissement en pleine activité; elle a déjà des succursales, des comptoirs dans plusieurs départements; ses correspondances, ses relations lui permettent d'en établir facilement et promptement partout où il sera nécessaire. Son administration centrale peut suffire aux besoins de ce service nouveau ; ses moyens d'émission sont tout prêts.

Pour créer un établissement spécial, il faudrait fonder à grands frais une administration nouvelle. On perdrait ainsi un temps précieux, et, dans les circonstances actuelles, cette raison seule devrait suffire pour déterminer la préférence en faveur d'une institution toute prête à fonctionner sur une grande échelle.

En conférant à la Banque de France ce nouveau privilége, en élargissant, par une concession toute gratuite qui n'exige ni accroissement de capital, ni surcroît marqué de dépenses, le cercle actuel de ses opérations, il était juste d'attribuer au Trésor public une large part dans les produits. L'admission de l'Etat au partage des bénéfices dans les entreprises que le gouvernement concède à l'industrie privée est un principe déjà consacré par nos lois, et qui devait avoir ici son application sur une vaste échelle. Nous attribuons au Trésor les neuf dixièmes de la prime prélevée par la Banque sur les emprunteurs. Si cette part semblait trop forte, on pourrait la restreindre ; quant à nous, elle ne nous paraît avoir rien que d'équitable.

On demandera peut-être pourquoi nous n'attribuerions pas à l'État seul le bénéfice du nouveau mode de prêts hypothécaires. C'est que nous n'avons pas voulu que l'État pût, au gré de ses besoins, accroître la circulation du papier-monnaie ; nous avons voulu écarter jusqu'au soupçon, jusqu'à la possibilité d'émissions de billets qui ne seraient pas garantis par des gages solides et certains.

Mais pourquoi ce nouveau privilége ? Pourquoi ne pas s'en tenir à une simple autorisation donnée à la Banque de prêter sur hypothèques dans certaines conditions, en laissant aux citoyens la faculté de demander ailleurs les capitaux dont ils auraient besoin ? — Parce que le privilége seul crée à la Banque l'obligation de ne faire aucune distinction, de n'établir aucune différence entre les emprunteurs.

La Banque ne peut prêter d'ailleurs que jusqu'à concurrence

du tiers de la valeur des immeubles engagés ; le droit exclusif qui lui est attribué n'absorbe donc pas la totalité des créances hypothécaires. Si enfin un privilége fut jamais justifié par l'utilité publique, c'est assurément celui-là.

Ce système garantit en outre le crédit de la Banque de France contre toute possibilité de pertes. Toutes les précautions nécessaires seraient prises également pour qu'avant toute espèce de prêts, la valeur des immeubles offerts comme garantie fût bien et dûment établie. A chaque comptoir départemental seraient attachés un architecte et un cultivateur, chargés de faire à cet égard toutes les constatations désirables. En même temps, on consulterait chez les notaires les derniers actes de vente. Il va sans dire que toute construction comprise dans l'immeuble hypothéqué devrait être assurée contre l'incendie, et le bénéfice de l'assurance transporté à la Banque.

Nous avons voulu que l'intérêt de la somme prêtée suivît une progression décroissante, à raison du terme de l'emprunt. Cet avantage fait à celui qui emprunte pour un plus long terme nous a paru la conséquence juste et nécessaire de la disposition qui ordonne le prélèvement immédiat de la somme totale des intérêts pour la durée de l'emprunt. Sans cette compensation, la mesure du prélèvement rendrait impossible toute espèce d'opération à long terme ; il faudrait la supprimer, et, à nos yeux, elle réalise en quelque sorte, au point de vue de l'intérêt public, tous les bienfaits de la loi nouvelle.

Elle fera entrer sur-le-champ dans les caisses de la Banque et dans celles de l'État des sommes considérables. Elle prévient les embarras, les frais d'administration qu'entraînerait un recouvrement annuel d'intérêts ; elle simplifie, en outre, la position de l'emprunteur, qui, n'ayant plus à se préoccuper d'exigences annuelles, trop souvent accrues de frais inévitables, se meut plus à l'aise, dispose plus librement de ses ressources, et n'a plus qu'à songer au remboursement de son capital.

Les prêts se feront en billets de la Banque de France, qui auront le caractère permanent de monnaie légale.— Ici se présente en un seul mot, non pas une série d'objections, mais un ensemble de préjugés qui est, sans contredit, le plus grand obstacle que notre projet ait à vaincre.

Nous proposons la création d'un *papier - monnaie !* — Un papier-monnaie! Que de tristes souvenirs dans ce seul mot, et quelle perspective si l'avenir doit ressembler au passé! Il y aurait beaucoup à dire sur la question du papier-monnaie en elle-même; mais cette discussion, inutile ici, nous mènerait trop loin, et nous nous bornerons à répondre ceci :

Notre papier-monnaie n'a aucun rapport avec ceux dont le souvenir fait trembler tant de rentiers; il ne ressemble ni aux billets de la banque de Law, ni aux assignats de 1793; pourquoi donc aurait-il les mêmes conséquences? Il sera mieux garanti, il représentera une valeur beaucoup plus réelle, beaucoup plus solide que les *bank-notes* de nos voisins les Anglais et que les billets actuels de la Banque de France; pourquoi ne jouirait-il pas de la même faveur?

Et nous aussi nous repousserions de toutes nos forces l'institution d'un papier-monnaie qui ne représenterait aucun gage certain, dont l'émission serait arbitraire, qui jetterait dans la circulation des valeurs insaisissables ou chimériques : mais tel n'est pas celui que nous proposons.

Dans notre système, la Banque ne crée de billets que pour répondre aux demandes qui lui sont faites. Elle ne peut en émettre aucun sans être nanti d'un gage d'une valeur certaine et bien supérieure. Dès que le gage lui est retiré, elle anéantit une somme de billets égale à celle qu'elle avait créée en le recevant.

Ainsi les émissions n'auront rien d'arbitraire; elles seront nécessairement restreintes et successives; elles ne se feront pas toutes sur le même point; les nouveaux billets se répartiront rapidement sur la surface entière de la France, comme la richesse qu'ils représentent, comme les besoins auxquels ils sont destinés à pourvoir.

Mais ces besoins ne sont pas tous immédiats ; un grand nombre de propriétés sont déjà engagées ; et bien qu'une des clauses de notre projet donne aux propriétaires qui le désireront la faculté de subroger la Banque à leurs créanciers actuels, il en est qui, indépendamment de la restriction mise à cette faculté par contrats spéciaux, aimeront mieux attendre le terme et la liquidation de leurs engagements. Un certain nombre auront intérêt à rester dans leur situation plutôt qu'à rechercher un changement dont les frais seraient, ou peu s'en faut, équivalents au bénéfice d'intérêts qu'ils pourront y trouver.

Il faut remarquer, en outre, qu'au moment même des nouvelles émissions, la Banque de France est, par un des articles de notre décret, obligée de réduire dans une proportion assez considérable le chiffre de ses billets actuels. Sauf la faculté qui lui est accordée, comme à tous propriétaires, de transformer en billets de banque le tiers de la valeur de ses immeubles, nous voulons que, dans un temps donné, elle ne puisse mettre en circulation un seul billet sans en avoir le montant dans ses coffres en numéraires ou en lingots.

Le billet de banque actuel ne représente en réalité que le tiers de sa valeur nominale. Pour 300 fr. qu'elle livre à la circulation en son papier, la Banque n'a que 100 fr. en caisse ; le surplus ne repose que sur son crédit. Avec la loi nouvelle, 300 fr. en billets de banque représenteront toujours ou une somme de 300 fr. en numéraire déposée en lieu sûr, ou 900 fr. en bonnes propriétés.

Avec de telles garanties, comment l'émission, même considérable, des nouveaux billets pourrait-elle entraîner la dépréciation du papier de la Banque ?

Quant à la Banque de France elle-même, la mesure qui, en lui conférant de nouvelles attributions, lui enlève la faculté de mettre en circulation, par ses billets, un capital supérieur à celui qu'elle a en métaux dans ses coffres, ne saurait ni lui causer aucun préjudice, ni apporter aucune restriction à ses opérations actuelles.

Cette mesure nous a paru tout à la fois, et une utile garantie contre toute dépréciation, et une conséquence logique de notre système. Plus la quantité de papier-monnaie qui circule dans un pays est considérable, plus il importe que ce papier soit garanti par des valeurs réelles et certaines. Le caractère de monnaie légale donné à un billet de banque qui ne représente pas une valeur égale à son titre, est une exception que la nécessité ou un grand intérêt public peut seul justifier. En donnant toute satisfaction aux besoins de la circulation, en supprimant la nécessité, nous devions faire cesser l'exception.

Appliquée progressivement et avec certains tempéraments, la réduction du nombre des billets actuels ne peut, en outre, avoir aucune influence fâcheuse sur les opérations de la Banque. La part qui lui est attribuée dans la prime prélevée sur chaque prêt hypothécaire aura bientôt mis à sa disposition une somme approchant de celle des billets qu'il faudra retirer de la circulation, et l'État, en remboursant les emprunts qu'il lui a faits depuis le mois de février, comblera la différence.

Les trois ou quatre dispositions qui terminent notre projet de décret s'expliquent et se justifient d'elles-mêmes.

Il était juste de laisser à l'emprunteur la faculté de se libérer par fractions pour les prêts d'une certaine valeur. Toutefois, il ne lui est fait, en ce cas, aucune remise d'intérêt. La progression décroissante du tarif, pour les prêts de longue durée, a été calculée en conséquence.

Les prêts au-dessous de 1,000 francs ne pourront être remboursés qu'en totalité ; les payements de sommes trop faibles compliqueraient les écritures et la comptabilité, sans profit pour personne.

Nous avons dû laisser à l'emprunteur qui arrive au terme d'un premier contrat sans pouvoir se libérer complétement, la faculté de renouveler, en totalité ou en partie, ses premiers engagements ; mais la nécessité de verser immédiatement dans les caisses de la Banque la prime totale du nouvel emprunt, suffit pour donner au propriétaire un intérêt suffisant à rembourser quand il le pourra. Il n'est donc pas à craindre que cette faculté du renouvellement amène la prolongation indéfinie des mêmes engagements.

A défaut de renouvellement, le débiteur qui ne remboursera pas sera exproprié : c'est la loi commune. Il nous a paru, toutefois, que les formes ordinaires seraient trop longues, trop dispendieuses, et, pour le cas spécial qui nous occupe, nous disons qu'il sera substitué aux formalités actuelles une procédure plus économique et plus expéditive.

Enfin, pour faire jouir immédiatement le plus grand nombre de propriétaires possible des avantages du nouveau mode d'emprunt, pour en faire profiter surtout ceux qui peut-être sont les plus nécessiteux, c'est-à-dire ceux dont les propriétés sont déjà engagées, nous demandons que la loi leur donne la faculté de payer leurs créanciers actuels, en subrogeant la Banque de France à leurs titres. Il y aurait exception, toutefois, pour les créances dont le terme aurait été stipulé en faveur du créancier, car toute convention doit être respectée.

Est-il nécessaire de revenir, en terminant, sur les avantages généraux du projet que nous présentons ?

Sur la nécessité d'y recourir si l'on ne veut laisser le pays exposé à une catastrophe inévitable ?

Tous les calculs faits permettent de porter à plusieurs milliards la somme des prêts que la Banque serait appelée à faire dans la première année, soit à des emprunteurs nouveaux, soit en se subrogeant aux prêteurs actuels. Nous croyons ne rien exagérer en portant à un milliard la prime qu'elle réaliserait dans un laps de temps assez court. C'est donc 100 millions qui viennent s'ajouter à son capital actuel, et 900 millions à verser dans les caisses publiques.

Dès-lors plus d'impôts impopulaires et qui enlèvent aux populations une partie de leur nécessaire sans tirer le gouvernement d'embarras; plus d'emprunts onéreux qui ne font qu'ag-

graver la crise et creuser de plus en plus l'abîme du déficit ;
plus de ces expédients ruineux à l'aide desquels on vit à peine
au jour le jour ; plus de prétexte à ces projets spoliateurs dont
l'apparition seule est une atteinte à la morale publique.

L'aisance au lieu de la misère, l'abondance au lieu de la pénurie, une complète liberté d'action au lieu d'une gêne conti-
nuelle, la sécurité au lieu d'angoisses toujours croissantes, l'ordre dans les finances au lieu du désordre et du gaspillage qu'en-
traîne la nécessité de satisfaire à tout prix d'impérieux besoins :
tels sont les résultats immédiats, infaillibles, de la mesure que
nous appelons de nos vœux les plus ardents, mesure simple,
d'une application facile et qui ne laisse rien à l'imprévu.

Tout le monde est convaincu de la nécessité de trouver un
prompt remède à la crise actuelle. Le péril frappe les yeux les
moins clairvoyants. Le mal empire et résiste à tous les palliatifs
que nos hommes d'État ont jusqu'ici appelés à leur aide. Les
exigences croissent avec les charges publiques. Chaque jour est
marqué par quelque nouveau sacrifice. Dans une telle situation,
comment trouver l'indemnité à accorder aux propriétaires d'es-
claves dans nos colonies ? et les moyens d'occuper ces masses
d'ouvriers dont la misère oisive menace la société tout entière ?
et ceux de relever notre commerce ? et ceux de faire la guerre si
nous y sommes contraints ?

Nous avons bien l'Algérie qui nous demande des bras, mais
elle veut aussi des capitaux. Les terres incultes ne manquent
pas dans nos campagnes ; ces travailleurs dont l'agglomération
est tout à la fois une si lourde charge pour nos finances et un
danger public, ne demandent que les moyens de s'y établir et
d'y vivre. Ce ne sont pas les occasions de travail qui nous font
défaut. Mais comment transformer ces oisifs en colons, ces en-
nemis de la civilisation en hardis pionniers luttant pour elle,
quand toutes les ressources manquent à la fois ?

Que l'Etat accepte celle qui lui est offerte, et le problème est
résolu. Dans quelques mois il aura rendu la sécurité à nos An-
tilles ; il aura pu commencer sur une grande échelle la colonisa-

tion de l'Algérie ; il aura réinstallé dans leurs communes et attaché à la culture de champs aujourd'hui improductifs ces milliers d'ouvriers que l'imprévoyante ambition d'exécuter en peu de temps certains travaux a imprudemment agglomérés autour de quelques grandes villes.

Les impôts pourront être facilement réduits. Loin de subir l'obligation d'en créer de nouveaux, l'Etat pourra supprimer les plus onéreux ; loin de s'accroître, la dette sera diminuée. Car notre système n'offre pas seulement à l'Etat des avantages immédiats. Les opérations de la Banque, les prêts renouvelés par catégories lui donneront un revenu annuel de cent millions au moins, sans surcharge aucune pour les contribuables.

Les sommes remboursées aux capitalistes par suite de subrogation, et remboursées en valeurs qui n'émigreront pas, qui seront, pour ainsi dire, attachées au sol de la France, chercheront un nouvel emploi dans les fonds publics ; dans les bons du Trésor ; dans les propriétés de l'Etat, qui fera bien de les mettre en vente dès qu'il aura des acquéreurs, car il est mauvais propriétaire ; dans les actions industrielles, qui se relèveront rapidement dès que les compagnies auront des ressources assurées ; dans de nouvelles acquisitions d'immeubles de ville et de campagne.

Par suite, la gêne qui pèse actuellement sur la propriété diminuera ; ses détenteurs obérés feront place à des propriétaires sérieux qui ne devront pas les trois quarts de leur bien, et dont les besoins ne viendront pas accroître à chaque instant la somme des prêts hypothécaires. L'impôt, plus équitablement et mieux réparti, sera d'un recouvrement plus facile.

Les communes, les départements trouveront aussi une partie de ces capitaux tout prêts à entrer dans les emprunts qu'ils seront obligés de contracter pour faire face aux dépenses de toute nature que leur imposent les circonstances actuelles. Ils en profiteront pour multiplier les entreprises propres à occuper les ouvriers ; pour réparer leurs monuments, effacer toute trace de dévastation ou de vétusté, créer les établissements nécessaires à l'éducation, à l'hygiène publique et au bien-être des populations.

Ainsi, pour l'Etat, allégement immédiat du fardeau qui l'accable, et certitude d'une nouvelle branche de revenu.

Pour les communes, une facilité plus grande de trouver les ressources dont elles ont besoin.

Pour la propriété, pour l'industrie, une source nouvelle de richesses.

Pour la société tout entière, la fin d'une crise qui, tout le monde le reconnaît, menace la civilisation elle-même.

Voilà ce que nous proposons.

N'est-ce rien encore que d'établir entre l'industrie et la propriété une solidarité d'intérêts telle, que l'on ne puisse inquiéter l'une sans compromettre gravement le crédit et la prospérité de l'autre? Les attaques contre la propriété sont une des grandes causes du malaise actuel; elles contribuent puissamment à entretenir la crise où nous sommes. Ces attaques trouvent de dangereux auxiliaires dans la gêne où vivent certains propriétaires et dans une sorte d'antagonisme irréfléchi entre la propriété et l'industrie. Notre projet fait cesser l'une et l'autre. Il unit tous les intérêts pour la défense d'un principe qui est la base de toute société. Qui pourra le voir contester avec complaisance ou même de sang-froid, quand son avoir, ses épargnes, le prix de ses labeurs ou le fruit de ses spéculations heureuses seront représentés par une monnaie dont toute la valeur sera dans le respect et dans le maintien de la propriété?

Papier-monnaie, dit-on; et avec ce mot on se croit dispensé de toute réponse, de tout examen. On prend les plus solennels engagements de ne jamais recourir à un tel expédient.

Mais prenez garde!

Nous avons démontré que les billets de banque dont nous proposons la création ne sauraient être un papier-monnaie dans le sens historique et discrédité de ce mot; mais si vous continuez, dans votre ignorance des faits, à repousser les moyens de salut qui vous sont offerts, c'est vous qui ferez bientôt et qui faites déjà du papier-monnaie.

Vous inscrivez avec une effrayante facilité des rentes nouvelles au grand-livre. Mais les titres que vous jetez ainsi sur la place ne sont-ils pas un véritable papier-monnaie?

Le papier-monnaie, dites-vous, c'est la banqueroute déguisée. — Mais quand vous en serez à la banqueroute véritable, — et si vous vous obstinez dans votre aveuglement vous y arriverez vite, — est-ce que vous n'essayerez pas de tous les moyens de la dissimuler et de lui ôter son nom?

Vous ferez alors du papier-monnaie, et c'est pour vous sauver de cette extrémité, c'est pour détourner de notre pays les maux qui en seraient la conséquence, que nous recommandons avec tant de chaleur une opération simple, facile, parfaitement garantie.

La banqueroute et le communisme sont là se donnant la main à votre porte et menaçants. Et un mot vous arrête, vous fait peur!

Veut-on par une dernière observation, par un détail, se convaincre de l'effet magique que produirait l'application du système que nous proposons? Tout le monde a compris combien la reprise des travaux de construction importe à la prospérité générale. Le gouvernement, les villes populeuses s'en préoccupent : eh bien! ouvrez à tous cette voie de crédit, et bien plus sûrement qu'avec vos subventions au comptoir d'escompte, et vos exemptions d'impôt, vous aurez assuré la reprise des travaux du bâtiment.

A Paris seulement, en moins de quinze jours, les entrepreneurs auront mis à l'œuvre plus de 150,000 ouvriers : voituriers, charretiers, terrassiers, maçons, tailleurs de pierre, charpentiers, menuisiers, serruriers, couvreurs, zingueurs, plombiers, marbriers, fumistes, carreleurs, sculpteurs, rampistes, peintres en bâtiments et de décors, colleurs de papier, vitriers, miroitiers, paveurs, poseurs de trottoirs, bitumineurs, tapissiers, marchands de meubles, etc.

Ces cent cinquante mille ouvriers, travaillant, mangeant, usant leurs effets et recevant leurs salaires, rendront à la consommation l'activité nécessaire pour faire marcher le commerce. Les fabriques et marchands d'étoffes de toute espèce, les tailleurs, chapeliers, cordonniers, etc., retrouveront leurs débouchés et leur vente habituelle. Tout cela travaillera, vivra bientôt dans une sorte d'aisance; l'aisance fera oublier les haines et les passions politiques. On laissera là les clubs; on lira moins les journaux; on n'ira plus aux rassemblements; on maudira jusqu'au souvenir de la guerre civile.

DEMONCHY,

Rue d'Amsterdam, 16.